AF384293

Guy du FAUR

SEIGNEUR

DE PIBRAC

GUY DU FAUR

SEIGNEUR

DE PIBRAC

LECTURE PAR

M. LOUIS-LUCAS

MEMBRE DE LA SOCIÉTÉ DES ÉTUDES HISTORIQUES

A LA SÉANCE PUBLIQUE DU 15 AVRIL 1877

AMIENS

IMPRIMERIE DE DELATTRE-LENOEL

30, RUE DES RABUISSONS, 30

—

1878

GUY DU FAUR

SEIGNEUR DE

PIBRAC [1]

—

Lu à la Séance publique du 15 Avril 1877.

Heureuse puissance des sentiments simples et vrais ! (2) heureux prestige ! rare et singulier privilége du génie ! quelques préceptes de morale rimés en quatrains, simplement pensés et simplement dits, et il passe à la postérité ! Et après avoir procuré à la France pour l'éducation de la jeunesse des biens plus solides et plus importants que ne lui aurait été l'acquisition d'une province entière, a dit un de ses biographes, il fait, aujourd'hui encore, plus de trois siècles écoulés, le régal des délicats et des gourmets des lettres !

> Heureux qui met en Dieu son espérance
> Et qui l'invoque en sa prospérité
> Autant ou plus qu'en son adversité
> Et ne se fie en humaine asseurance !

---

(1) Nous adoptons pour orthographe du nom de Guy du Faur, seigneur de Pibrac, l'*y* et l'*i* tels qu'ils se trouvent sur une brochure que nous citons en note à la page 11.

Souvent, dans les éditions anciennes ou modernes des œuvres de Pibrac, ces deux lettres sont interverties ; mais nous avons pensé que l'auteur de la brochure écrivant à Toulouse, c'est-à-dire dans la ville même qui a donné naissance à Monsieur de Pibrac, sa leçon devait être la meilleure.

Puis, après l'avoir adoptée, nous la suivons même dans les passages ou nous citons textuellement des auteurs qui ont écrit ces deux noms d'une façon différente.

(2) Auguste Vitu.

Ce n'est pas peu, naissant d'un tige illustre,
Etre éclairé par ses antécesseurs !
Mais c'est bien plus, luire à ses successeurs,
Que des ayeux seulement prendre lustre.

Jusqu'au cercueil, mon fils, veuilles apprendre
Et tiens perdu, le jour qui s'est passé,
Si tu n'y as quelque chose amassé
Pour plus savant et plus sage te rendre.

J'en citerais encore, j'en citerais vingt autres de ces quatrains ; ne vous semblent-ils pas d'hier ? hé bien, il y a plus de trois cents ans, c'était vers le milieu du XVIe siècle que les burinait de sa plume ce bon M. de Pibrac.

Où reposent ses cendres ? qu'importe ? n'a-t-il pas écrit :

Ce corps mortel ou l'œil ravi contemple
Muscles et nerfs, la chair, le sang, la peau,
Çe n'est pas l'homme ! Il est beaucoup plus beau
Aussi Dieu l'a réservé pour son temple !

Eh ! qui se souvient aujourd'hui de l'épitre latine de Guy du Faure, faite par forme de discours sur aucunes choses depuis peu de temps advenues en France ?

« *Ornatissimi cujusdam Viri de Rebus Gallicis epistola.* »

Le 55e des 83 articles des *Libertés de l'église Gallicane*, rédigées par Pierre Pithou et imprimées en 1594, débute ainsi :

« *De la Prévention.* (1) — *Jusqu'à quel point elle est tolérée.* — » Et quant à la prévention, le Pape n'en use que par souffrance au » moyen du concordat publié du très-exprès commandement du Roy, » contre plusieurs remontrances de sa cour de parlement, oppositions » formées, protestations et appellations interjetées......

M. Dupin aîné, (2) commentant cet article, nous dit :

» Pithou a eu raison d'énumérer tous ces actes de résisance qui

---

(1) *Prévention* : C'est le droit que s'est attribué le Pape, de conférer dans certains cas, les bénéfices vacants.

(2) Libertés de l'église Gallicane. — Manuel du droit public ecclésiastique Français. — 5e édition. — Page 58.

» prouvent que le concordat (1) n'a jamais été reçu avec l'assentiment
» libre et cordial qu'obtiennent ordinairement les bonnes lois ; mais
» qu'il a été imposé par *puissance absolue.*

Et il ajoute :

» Ce qui a inspiré à Pibrac ce quatrain si connu : »

> Je hay ces mots de *puissance absolue*
> De plein pouvoir, de propre mouvement ;
> Aux saints décrets ils ont premièrement,
> Puis à nos lois, la puissance tolue.

On raconte que ces quatre vers furent, par un ennemi de Guy du Faur, présentés à la reine Catherine de Médicis, régente du royaume, et que leur auteur leur dut de ne pas prendre possession de la charge de chancelier qu'elle lui avait donnée. « Tant une trop grande sincérité offense les grands, » ajoute le chroniqueur à qui nous devons cette note.

Oh humaine faiblesse ! Est-ce là le secret de l'épitre latine sur aucunes choses advenues en France, et le récit apologétique qu'elle contient des massacres de la Saint-Barthélémy, doit-il s'appeler le recours en grâce, l'amende honorable du chancelier ?

Voltaire n'a pas ignoré les quatrains de Pibrac. Très-sobre à leur égard, il a voulu les imiter, et sous ce titre (2) :

STANCES OU QUATRAINS

POUR TENIR LIEU DE CEUX DE PIBRAC QUI ONT UN PEU VIEILLI :

> Pères de vos enfants guidez le premier âge
> Ne forcez point leur goût, mais dirigez leurs pas ;
> Etudiez leurs mœurs, leur talent, leur courage
> On conduit la nature, on ne la change pas !

Je préfère M. de Pibrac en son 28e précepte :

> Le sage fils est du père la joie !
> Or si tu veux ce sage fils avoir,
> Dresse le jeune au chemin du devoir
> Mais ton exemple est la plus courte voye !

---

(1) *Le concordat* : Celui dont parle l'article 55 de la rédaction de Pithou.
(2) Tome 13. Kehl. 1785, page 325, n° XXVIII des stances.

Voici maintenant son 38ᵉ quatrain :

> En ton parler, sois toujours véritable !
> Soit qu'il te faille en témoignage ouyr,
> Soit que parfois tu veuilles resjouir
> D'un gay propos tes hostes à la table.

Comparons Voltaire, et voyons lequel a le plus vieilli.

> Soyez vrai mais discret, soyez ouvert mais sage,
> Et sans la prodiguer, aimez la vérité.
> Cherchez la sans duplicité,
> Osez la dire avec courage.

En voici deux autres ; le premier de M. de Pibrac :

> Tu ne saurais d'assez ample salaire,
> Récompenser celui qui t'a soigné
> En ton enfance, et qui t'a enseigné,
> A bien parler et surtout à bien faire.

M. de Voltaire l'a imité ainsi :

> Enfant, crains d'être ingrat, sois soumis, doux, sincère,
> Obéis si tu veux qu'on t'obéisse un jour !
> Vois ton Dieu dans ton père, un Dieu veut ton amour,
> Que celui qui t'instruit, te soit un nouveau père.

La morale de M. de Pibrac est plus pure ; il n'a point, comme le fait Messire Arouët dans le second de ses vers,

> Obéis si tu veux qu'on t'obéisse un jour !

mesuré l'observance du précepte, au prix que son élève en doit tirer.

Ce n'est point ici le lieu, pour faire l'éloge de M. de Pibrac, de dénigrer le patriarche de Ferney. Etablir entr'eux un parallèle me semble difficile ; Voltaire a commis 16 quatrains, Guy du Faur en a rimé plus de 160.

Nous ne tairons pas nos préférences elles sont acquises aux vieilleries de l'original que nous prisons à plus haut prix que la copie, ou si l'on veut, l'imitation. Celle-ci n'a pas atteint son but, Voltaire n'a pas remplacé Pibrac.

Voltaire n'avait pas été le premier à s'occuper des quatrains de Guy du Faur ; il ne devait pas être le dernier.

Vous dire ce qu'en ont écrit Montaigne dans ses Essais, Pasquier dans ses Recherches, Guillaume du Vair en son Traité de l'éloquence, Adrien Baillet dans sa compilation qu'il appelle le Jugement de savants ;

Vous dire avec Brunet dans son Manuel du libraire et de l'amateur de livres, le nombre des éditions, la foule des traductions en vers grecs et latins, en vers héroïques, en langue allemande, en distiques latins du même nombre que le nombre des quatrains ; compulser devant vous les biographes, dans Michaud, Didot et autres plus anciens ;

Vous signaler avec eux les différents écrits du sieur de Pibrac, ses « leçons sur la manière civile de se comporter pour entrer en mariage avec une demoiselle, » série de six quatrains qu'on ne trouve que dans l'exemplaire de la bibliothèque Lavallière, et ses sonnets, et son poème « Les plaisirs de la vie rustique » et ses harangues, et son rôle politique et judiciaire et le reste, « j'y prendrais un plaisir extrême. »

Relire avec vous, dans la collection de notre journal l'*Investigateur* (1) la belle étude historique, littéraire et critique sur Pibrac, sa vie et ses ouvrages, par notre aimé collègue M. Barbier ;

Y retrouver le tableau mouvementé de l'époque des Valois tracé en quelques mots par ce magistrat savant et lettré dont les loisirs sont des labeurs, et qui, selon l'expression de M. Giraud, en sa notice sur Étienne Pasquier, relie le passé au présent, en ne désavouant pas aujourd'hui les délassements de l'esprit, plus que ne les désavouaient aux grands jours de Poitiers, les Achille de Harlay, les Réné Chopin, les Scévole de Sainte-Marthe, les Antoine Loisel, les Pierre Pithou, et autres de ses glorieux antécesseurs ; redire avec l'un d'eux comme il le pourrait faire : « Platon et Solon ont écrit livres d'amourettes — » avec eux je consens à être mis au rang des fols. »

Quel charme ! et je veux m'y soustraire.

Je n'ai voulu tenter qu'une esquisse à l'occasion d'un manuscrit inédit de Jules Janin, l'esquisse est déjà longue, et j'ai hâte d'intro-

---

(1) Tome 1er, 3e série, 18e année — 1851 page, 67.

duire près de mes lecteurs, dans une délicieuse idylle, ce rare et dé-
licat esprit dont les lettres françaises porteront longtemps le deuil.

Aussi bien, et quel style, et quel entrain, et quelle verve ! ah ne me
demandez pas quelle fut sa méthode ? je vous répondrais que la méthode de Jules Janin, ce fût de n'en pas avoir ; je vous dirais avec
Sainte-Beuve, ce fin causeur du lundi :

« M. Janin a pris pour habitude de se jeter sur Castor et Pollux, de
» parler le plus qu'il peut, à côté, au-dessus, à l'entour de son sujet.
» Il demande beaucoup à la fantaisie, aux hasards de la rencontre, à
» tous les buissons du chemin — les buissons aussi lui ont beaucoup
» rendu. »

Pour vous répondre, j'emprunterais à Montaigne, (1) et j'appliquerais
à Janin en le paraphrasant, ce qu'il disait de Pibrac :

» Ainsi écrivait cet excellent M. Janin, que nous venons de perdre ;
» un esprit si fertile, une littérature si élevée, un jugement si sain ;

» Sa perte et celle qu'auparavant nous avions faite de M. Théophile
» Gauthier, de M. Sainte-Beuve, sont pertes irréparables pour la cou-
» ronne littéraire de la France ; C'estoyent ames diversement belles
» et certes selon le siècle rares et belles chacune en sa forme ;
Puis,

    » Et pour finir enfin par un trait de Satire »

Peut-être ajouterais-je : Libre à vous de dire avec Molière (2).

    » Lisez-moi comme il faut, au lieu de ces sornettes,
    » Les quatrains de Pibrac. . . . .
    » . . . . L'ouvrage est de valeur,
    » Et plein de beaux dictons à réciter par cœur. »

Quant à nous, lisons les sornettes. Elles sortirent avant 1860 de la
plume de l'auteur du *Critique marié.*

Lui furent-elles inspirées par les confidences de Mme de Maintenon
sur son enfance ?

Je le croirais.

« On nous mettait au bras un petit panier où était notre déjeuner,

---

(1) Essais, livre 3, chap. 9 p. 197 tome 3, édition Coste Paris MDCCXXV.
(2) Sganarelle ou le Cocu imaginaire. Scène 1re vers, 33.

» avec un petit livre des quatrains de Pibrac, dont on nous don
» nait quelques pages à apprendre par jour », a dit la fondatrice de
Saint-Cyr dans ses *conseils et instructions aux demoiselles* pour *leur
conduite dans le monde*, réédités par M. Théophile Lavallée.

Et sur ce thème bien simple, notre critique de moduler les
variations dont sa plume svelte et légère était si prodigue.

Comment elles tombèrent en ma possession, ces pages que je me
permets de traiter avec une irrévérence telle, que Molière m'en eût
appelé maraud, l'histoire n'en sera pas longue.

Un ami du feuilletoniste des *Débats* (1) les avait reçues de lui, avec
droit de disposition absolue ; à cette même époque, et par une bien-
veillante obligeance, cet ami me donna le manuscrit entièrement
écrit et signé en toutes lettres de la main de Jules Janin, pour le
joindre à ma modeste collection d'autographes dont il est l'un des
précieux joyaux.

Amis lecteurs, Janin n'est plus ; je veux vous le faire entendre
encore ; j'ouvre mon écrin devant vous.

Louis-Lucas.

---

(1) M. Chesnel, greffier de la justice de paix à Charenton-le-Pont.

Nota. — C'est à la séance publique annuelle de la Société des Études historiques,
tenue le dimanche 15 avril 1877, sous la présidence de M. Jules David, que ces
pages et le récit de Jules Janin ont été lus.

Depuis, un magistrat distingué, M. Alexandre Labroquère, substitut du procureur
général à la cour d'appel de Toulouse, a choisi pour sujet de discours de rentrée à
l'audience solennelle du 3 novembre 1877, « Guy du Faur, seigneur de Pibrac » Il en
a fait l'objet d'une étude pleine d'érudition, de vues élevées, et d'enseignements historiques puisés dans la vie de l'auteur des quatrains, et dans les événements de
son temps.

Nous ne saurions trop recommander la lecture de ce discours qui a la valeur d'un
livre, à tous ceux qui, curieux des hautes pensées et des nobles écrits, ont le souci
de savoir comment on peut tout à la fois exalter tous les mérites et ne taire aucune
des défaillances de l'homme dont on a entrepris le portrait.   L.-L.

LES QUATRAINS

du Seigneur de Pibrac.

I.

Non loin de Niort, dans un site désolé, dans les premiers jours du XVIIe siècle, on pouvait voir, entouré de fossés remplis d'une eau verdâtre et malsaine, le déplaisant château de Neuillant.

C'était déjà une masure féodale et si jamais quelque autorité guerrière avait résidé en ce lieu, rien ne restait qui attestât la puissance passée et les grandeurs d'autrefois.

La maison, bâtie à plusieurs reprises, n'avait été achevée dans aucune de ses parties ; la chapelle aussi bien que la grange appartenait à cette ruine précoce si triste à voir, quand on songe que pas une pierre n'a servi de ces murailles élevées à grands frais.

La tristesse, l'isolement, l'ennui, la misère ou qui pis est l'avarice habitaient ces tristes demeures, pas un bruit joyeux ne se faisait entendre au delà de ces fossés croupissants, pas le bêlement d'un mouton, à peine le chant d'un oiseau !

Ce qu'on disait, tout bas, dans les campagnes mal cultivées, de la propriétaire du château, n'eût pas ajouté un grand charme à cette solitude.

Mme la comtesse de Neuillant passait parmi ses vassaux pour la plus mauvaise dame qui fût à vingt lieues à la ronde ; elle était, disait-on, plus fière que la Reine, et plus méchante que le cardinal de Richelieu ;

car c'était en vain que le cardinal de Richelieu était mort depuis tantôt quinze ans ; ce terrible homme avait laissé de son passage à travers la France, une telle empreinte, que peu de gens dans ces campagnes reculées pensaient qu'il était mort ; le paysan lui-même, en avait aussi peur que le seigneur.

Eh bien ! de ces murailles dévastées, de ces cours en désordre, et ce misérable château de Neuillant, si par fortune quelque jeune homme, ami de la vie et de ses espérances, eût passé dans ces sentiers plein de poussière et de soleil, il eût vu sortir, dès le matin, un miracle de jeunesse, d'élégance et de beauté. C'était comme un conte de fée, une heure avant que Perrault eût remis la féerie en si rare et charmant honneur ; figurez-vous une dame à quinze ans, assez mal vêtue d'un mince fourreau, des gants à ses mains, des sabots à ses pieds, « la marche d'une déesse errante sur les mers » disait un grand écrivain de ce temps là, et tel était le disparate entre sa fortune présente et la naissante majesté de ce beau visage, qu'on n'eût pas sçu dire au premier abord, voilà une nymphe, ou voilà une bergère ! Elle était pauvre, elle était fière, elle était résignée ; et si jeune encore, elle avait supporté tant d'autres misères, que cette pauvreté lui semblait légère et facile à porter.

Où elle allait ? ce qu'elle allait faire, et le nom de l'indocile troupeau qu'elle menait, à la façon d'une souveraine, un sceptre à la main, (le sceptre était une gaule coupée aux buissons du chemin) voilà la chose difficile à dire. Elle est un peu fière notre langue française, surtout lorsqu'on se rapproche de Louis XIV ; elle a toutes les allures d'une duchesse des grands appartements, et soudain le rouge lui monte au visage, s'il faut raconter que cette divinité, perdue en ces campagnes stériles, s'en allait conduire aux champs, une compagnie, un troupeau, Dorat eût dit cent ans plus tard, le régiment des amours, sous l'apparence des dindons.

Nous autres, nous n'irons pas chercher midi à quatorze heures, et nous dirons, tout simplement, comme elle le disait elle-même, que Mlle Françoise d'Aubigné, pour obéir à la marquise de Neuillant sa tante, accomplissait chaque jour cette affreuse tâche, et l'accomplissait d'un cœur alerte, d'un esprit content, d'un geste royal. Au fonds de cette âme forte, s'arrêtait je ne sais quel pressentiment de l'avenir qui la tenait également inaccessible au chagrin et au faux orgueil ! la voix intérieure lui disait que la fortune avait tort en la poursuivant, et qu'enfin, même en ces haillons, elle se ressentait d'une illustre origine.

En effet dans cette gardienne d'une ignoble plèbe emplumée, coulait le plus noble sang qui pût couler dans les veines d'une femme française ; elle appartenait, par son grand-père, à un homme qui avait été tout ensemble, un gentilhomme, un poète, un héros ; qui avait réuni en sa tête glorieuse, la double couronne du soldat et de l'écrivain.

Laquelle de ces deux palmes est la plus noble et la plus belle ? Alexandre-le-Grand répond Homère ! Victor Hugo vous dira qu'il porte envie à César !

Notre jeune gardienne allait ainsi, tantôt gaie, (elle était si jeune !) tantôt sérieuse, (elle avait subi tant de traverses !) poussant, de son mieux sa troupe indocile, et donnant à chacun de ces animaux gloussants, quelque beau nom propre, qu'elle empruntait à Plutarque, ou qu'elle empruntait à l'Astrée. Ici disait-elle. — ici Pompée ! — ici Patrocle ! où vas-tu Bias ! mon camarade ! ah mon pauvre Esope, comme te voilà écloppé ! dans cette foule, elle avait un Ajax qui la reconnaissait au son de sa voix douce et bien timbrée ; il y avait un Platon magistral, un Diogène effronté, un Chabrias qui donnait les plus grandes espérances. Ainsi entourée avec tant d'obéissance par ces héros de la philosophie et de la guerre, elle oubliait le méchant rôle qu'elle jouait ici ; ce n'étaient pas des dindons qu'elle traînait à la pâture, c'étaient des philosophes et des capitaines qu'elle menait à la grande bataille de la vie humaine ! ingénieuse enfant à se forger un emploi digne de son génie, après les plus vaillants de la bande, elle avait les jeunes femelles à conduire, et elle les appelait gentiment des noms les plus doux : Dorinthe, Philis, Thémire, Stella, Galathée, Amaria, Céliodante et Laonice, comme il est chanté sur le chemin de Montverdun :

> Dans un antre caché de ce bois solitaire
> Une ombre doit servir à ton affliction.
> Si Laonice est ferme en son affection
> Le Ciel promet à la bergère
> Un remède à sa passion.

Cette chanson qu'elle répétait en marchant, elle l'avait apprise dans la prison de Niort où elle était née. Fille d'une mère admirable, et d'un père qui était un bandit, car on a vu la paix faire autant de bandits que la guerre elle-même ; donnez au fils d'Agrippa d'Aubigné des guerres de religion, des guerres civiles, Paris à prendre et la Saint-Barthélémy à châtier ; donnez-lui le tumulte, les arrestations, les batailles, les villes prises d'assaut et la vie errante à travers les grands chemins, peut-être aurez-vous un bon capitaine ; au contraire brisez son épée entre les mains de ce jeune homme, laissez le seul à ses passions brutales dans une époque pacifique, et contraignez cette âme indocile au joug inflexible du devoir obscur, du devoir de tous les jours, cet homme aussitôt devient un embarras dans une société bien réglée, il cherche sa voie et ne la trouve pas ; Il appelle à lui la fortune, mais il l'appelle d'un voix impatiente, et la fortune est rebelle à ses vœux.

Cet Agripa d'Aubigné, le fils d'un compagon d'Henri IV et d'une fille de la maison de Lusignan, il avait été enfermé dans cette prison, sous une accusation de meurtre, et ce fût à grand peine qu'on lui fit grâce de la vie en l'embarquant pour la Martinique. o misère ! ils partaient tous les trois, le père, la mère et l'enfant ; l'enfant tomba malade, on la crut morte, et comme un matelot l'allait jetter à l'Océan la mère au désespoir reprit sa fille dans une étreinte suprême, et elle comprit que le cœur de son enfant battait encore ! Certes la mer furieuse a perdu ce jour là une belle proie !

Ainsi battus de tous les vents de l'orage, ils arrivèrent dans ce monde inconnu, où le marquis Agrippa d'Aubigné rendit, grâce à Dieu, le dernier soupir.

Voilà par quelles suites de misères infinies cette enfant qui va tenir une si grande place dans l'histoire de France, finit par tomber sous la main avare et méchante de Mme de Neuillant. Ni son esprit, sa grâce et sa jeunesse, ni sa naissance et ses malheurs ne purent toucher cette parente impitoyable, et elle finit par se servir de sa niéce, comme elle se fût servi d'une servante — une servante moins les gages. Trop heureuse encore était la jeune Françoise d'échapper parfois à cette tyrannie, et de promener sa servitude au grand air ! elle est si forte, la jeunesse, et si puissante ! elle oublie en ce moment, ce qu'elle souffrait il n'y a qu'une heure, elle ne connait pas la crainte, elle ne connait que l'espérance ! frappez-là elle en rit — faites-là pleurer, elle va sourire au milieu de ses larmes, soyez injuste et sans pitié pour elle, elle vous pardonne ! Ainsi était faite en son printemps cette belle abandonnée à la Providence, à notre Mère qui est au ciel.

Cependant, toute servante qu'on la faisait, elle était *demoiselle* c'est-à-dire qu'elle était une personne de qualité, et Mme de Neuillant elle-même, ne pouvait pas l'oublier tout-à-fait. C'est pourquoi, elle recommandait à sa nièce de porter des gants, de se tenir droite, et de mettre *un loup* sur son visage, toutes les fois qu'elle allait au grand air ; votre habit peut être en haillons, mais vous aurez le teint d'une dame de la cour ; belle, agréable et bien faite, vous trouverez peut-être un hobreau qui vous prendra ! songez aussi à orner votre esprit ma nièce, et chaque fois que vous sortez, ayez soin d'apprendre par cœur cinq ou six quatrains de Pibrac.

Ces *quatrains de Pibrac*, dont vous entendez parler pour la première fois, j'imagine, ont élevé, qui le dirait ? toute la jeunesse du siècle passé ; ils contiennent dans une forme antique et précise, les meilleurs conseils que puisse donner un galant de bonne compagnie, aux jeunes gens de bonne volonté. C'est un peu l'allure, la forme et souvent le sens du proverbe, avec plus de clarté, plus de détail et moins de concision. Mme de Neuillant bien que son mari eût tenu les grands emplois, et gouverné la ville de Niort pour le roi Henri IV, n'avait jamais appris et étudié que les *quatrains de Pibrac* ; encore n'était-elle pas bien sûre de les savoir. Elle fit un peu avec sa nièce, ce que fit l'oncle de Gil Blas avec son neveu, à qui il apprit à lire. Lui-même il apprenait à lire par la même occasion.

Au lecteur salut !

Je n'ai taché cette œuvre façonner
D'un style doux, afin qu'il puisse plaire.
Car aussi bien n'entends-je le donner
Qu'à ceux qui n'ont soucy que de bien faire.

Ainsi le moraliste entre en matière ; il n'a pas pris, on le voit tout d'abord, une seule des peines qu'il faut se donner aujourd'hui pour être lu de la jeunesse *studieuse* ; il ne s'adresse pas à l'âme,

il ne s'adresse pas même à l'esprit de son lecteur, il s'adresse à son bon sens. Dans tout ce livre qui fût une espèce de catéchisme à l'usage de la jeune noblesse dans toute la France, en l'espace de deux cents ans, l'idée à peine vient une ou deux fois au moraliste, que peut-être il sera lu par les jeunes filles, et l'on voit qu'il ne s'en inquiète guères. Certes ce n'est pas celui-là qui aurait imaginé d'emmieller les bords du vase, afin de cacher à l'enfant qui y porte une lèvre ingénue, l'amertume de sa salutaire liqueur.

Tout d'abord, le sieur de Pibrac recommande à son jeune lecteur la justice ! qui est la gardienne et la force des États :

> Si en jugeant la faveur te commande
> Si, corrompu par or, ou par présents,
> Tu fais justice au gré des courtisans,
> Ne doute point que Dieu ne te le rende !

Si la justice est le premier devoir le travail est le second de nos devoirs.

> Avec le jour commence ta journée,
> De l'Eternel le saint nom bénissant :
> Le soir aussi ton labeur finissant
> Louange à Dieu et passe ainsi l'année (1).

Tout ce livre est ainsi fait sans emphase et sans agrément ; il se lit comme un code et non pas comme un livre. A l'âge qu'elle avait déjà, cette belle personne errante à travers ces sentiers brûlés, ne se plaisait guères à cette lecture, elle en avait entrevues de plus belles lorsqu'assise sur les genoux de sa mère, sa mère lui racontait les héros, les vertus et les amours d'autrefois.

Cependant, comme elle avait un bon esprit, et qu'elle était déjà dans le fonds de l'âme une dame sérieuse, elle glanait dans le livre, et çà et là, plus d'un quatrain qui s'accommodait à sa fortune :

> Les biens du corps et ceux de la fortune
> Ne sont pas biens, à parler proprement.
> Ils sont sujets au moindre changement
> Mais la vertu demeure toujours une.

---

(1) L'édition d'Antoine Robinot 1640, porte :

• Loue le encor et passe ainsi l'année. •

Si tu es né enfant d'un sage père,
Que ne suis tu le chemin jà battu ?
S'il n'est pas tel que ne t'efforces tu
En bien faisant, couvrir ce vitupère ?

Le souvenir de son père et des malheurs de ce terrible gentilhomme lui vint alors en mémoire, et comme elle était arrivée au lieu du pâturage, en un champ couvert d'orties, de mousses, de lichens de romarains, de serpolets, de mille plantes sans culture, où son troupeau trouvait à pâturer, elle s'assit sur un tertre, et elle repassa dans sa mémoire les graves accidents de sa vie ! elle revit la prison dans laquelle elle était née ! elle revit le bâteau qui l'emporta loin de sa patrie, il lui sembla en ce moment, que la vague du lointain Océan la venait arracher aux mains de sa mère...... et plus dans son passé elle jettait la vue, et plus elle y rencontrait la pauvreté, la misère, l'abandon, la suite affreuse des malheurs que le jeu apporte aux familles lamentables qu'il déshonore. Un jour son père, Constant d'Aubigné (*marquis de Lusignan*) perdit sur un dé tout ce qu'il avait gagné, par une année entière de privations et de travail !...... et le même soir, le feu prit à sa maison.

Songeant ainsi, ses yeux se mouillèrent de larmes, mais ces larmes étaient bientôt séchées par le vent tiède ; à cet âge heureux, on ne saurait pleurer longtemps, la jeunesse est plus forte que la douleur ; l'espoir l'emporte et de beaucoup sur l'imprévoyance. Bientôt le grand air, le grand espace, et le grand appétit de son aimable troupeau lui rappelèrent qu'elle n'avait pas encore déjeuné, et d'un geste à rendre jalouse une reine d'Orient, elle tira de sa poche, un morceau de pain noir dans lequel elle se mit à mordre à belles dents, car de le fendre à la main, elle n'était pas assez forte. Une coquette en pareille occurrence eût tiré de ce pain noir cette consolation que cette abominable couleur de suie, ajoutait à l'éclat et à la blancheur de ses dents.

Mais elle n'était pas coquette, elle ne l'a jamais été ; elle vivait de ce qu'on lui donnait, sans qu'elle le demandât ; tout à l'heure encore en traversant le verger, elle avait trouvé des poires tombées de l'arbre, elle avait dédaigné de les ramasser ; elle éprouvait une espèce de volupté à manger ce pain dur parce que c'était le seul qu'elle pût gagner. Elle mangeait donc et de franc cœur, lorsque tout-à-coup, elle appela pour déjeuner de compagnie avec eux, ses deux ou trois favoris, Brutus et Cassius, Philémon et Beaucis..... ô peine ô terreur ! à cette voix écoutée, à cette heure favorable, rien ne répondit ! Elle s'attendait à les voir accourir tous les quatre à cette aimable curée, et l'écho seul répéta Brutus ! Cassius ! Beaucis ! Philémon !

Vous jugez de l'angoisse, et si la jeune fille demeura épouvantée au sommet de son tertre ! elle était courageuse, mais elle était faible, et qu'allait-elle devenir, et qu'allait-elle répondre à sa tante si véritablement elle a perdu les quatre plus belles têtes de son troupeau ! d'un regard plein d'inquiétude, elle interrogeait l'espace, et elle ne voyait rien venir ! — comment faire à quelle résolution obéir ? courir après les fugitifs, les égarés ! c'était risquer tout le reste ! appeler aussi la bande indocile avant l'heure accoutumée, il est évident, que la bande n'obéira pas ! certes, bien des heures et bien des jours, après cette angoisse, ont amené à cette femme, en les remettant à sa décision, des questions où s'agitaient la paix du monde ou la guerre ! eh bien ! elle n'a jamais eu dans ces moments solennels où s'agitent la misère ou le bonheur des peuples confiés à la garde des Rois, une angoisse comparable à ce que fit éprouver à la jeune Françoise la disparition de Philémon et de Beaucis, de Brutus et de Cassius !

Et pourtant, elle se met à sourire, en se répétant le dernier quatrain de Pibrac qu'elle venait d'apprendre par cœur :

> L'Estat moyen est l'estat plus durable :
> On voit des eaux le plat pays noyé,
> Et les hauts monts ont le chef foudroyé ;
> Un petit tertre est sur et agréable.

Voilà ce que je vais répondre à ma tante, quand elle me demandera le compte de ses volatiles, reprit Françoise en se rasseyant ; et d'ailleurs que dit encore maître Pibrac ?

> De peu de biens nature se contente,
> Et peu suffit pour vivre honnêtement ;
> L'homme ennemy de son contentement
> Plus a, et plus pour avoir se tourmente !

Mais elle avait beau dire et se rassurer elle-même, elle ne songeait pas sans un frisson aux difficultés du retour — heu ! heu ! faisait-elle encore, il me la donne belle avec son éloge de la vie champêtre, M. Philippe Desportes ! je voudrais bien le voir courant après Brutus et Cassius !

> O bien heureux qui peut passer sa vie,
> Entre les siens, franc de haine et d'envie,
> Parmi les champs, les forêts et les bois,
> Loin du tumulte et du bruit populaire,
> Et qui ne vend sa liberté, pour plaire
> Aux voluptés des princes et des rois.

Comme elle était ainsi rêveuse, (en ce moment, tout son troupeau fut parti, elle l'eût laissé partir, elle était à bout de sa patience), elle entendit à sa droite un gloussement mêlé d'angoisse et de joie ; et elle reconnut la voix de Cassius.

II.

Vraiment, c'était la voix de Cassius, et puis la voix de Brutus, et l'accent p'us grave de Philémon, et le cri plaintif de Beaucis ! Ils revenaient tous les quatre dans les deux bras et aux deux mains d'un vieux pâtre qui connaissait Françoise, pour l'avoir rencontrée plusieurs fois dans l'exercice de ses fonctions. — Les voilà ! les voilà, Mademoiselle, tous les quatre, et il était temps ; je les ai retrouvés dans le sac de deux mauvais gars que la dame de Neuillant a mis à la porte du château, sans leur donner à déjeuner ; ils voulaient se venger sur sa volaille ; encore un peu, et Brutus avait le cou tordu ! mais j'ai dit à ces gens que c'était la *demoiselle* qui rendrait compte à la *dame* et qu'ils vous exposaient aux mauvais traitements ; alors ils ont échangé contre un pain *tendre*, (Il dit ce mot *tendre* en regardant le pain si dur que tenait Françoise à la main) ces quatre Messieurs que je vous rapporte !

Et comme la jeune demoiselle ne répondait pas, tant elle s'était donnée au spectacle de cette forte et intelligente vieillesse, — Ah !

Madame, reprenait le vieux berger, vous avez là du vilain bétail à conduire, et qui vient de vilaine origine, un animal qui n'est bon qu'à engraisser et à manger ! pas d'amité à en attendre, pas de reconnaissance et pas de compagnie ! Un cri sauvage, un plumage de charbon ! au contraire, un doux troupeau de brebis qui vous suivent doucement, en bêlant ; le belier Roi du troupeau prêt à défendre les mères et les enfants, pendant que les chiens veillent aux limites, voilà un ouvrage digne du cœur ! la vie ainsi se passe entre le berger et le troupeau, sur la même terre et sous le même ciel.

Ils vous donnent leur laine pour vous couvrir, ils vous donnent leur lait pour vous nourrir ! leur origine est antique et remonte aux patriarches ; Ils viennent des grandes plaines de l'ancien testament, du pays de Chanaan et du pays des miracles ! Ils ont vécu de la vie, et ils sont morts de la mort des peuples pasteurs !

Les payens eux-mêmes ont envoyé leurs plus vaillants capitaines à la conquête de la toison d'or ! ô misère ! ô faut-il que mes pauvres yeux aient été les témoins de cet affreux spectacle, la petite fille de mon capitaine et de mon maître, la petite fille de l'ami de Henri IV et du mari de Jeanne d'Albret, Mlle Françoise Agrippa d'Aubigné à la suite de quels oiseaux du Paraguay !

Et en même temps, le vieillard prosterné devant Mlle Agrippa d'Aubigné, portait le bas de sa robe à ses lèvres tremblantes de respect, de pitié et d'émotion !

A cet hommage inattendu, Mlle Agrippa d'Aubigné ne ressentit qu'une émotion passagère ; elle avait une de ces âmes que rien n'étonne ; et elle reçut les hommages de ce brave homme, en femme qui sait très-bien qu'elle est au niveau de tous les hommages.

Assise sur son *tertre* comme sur un trône, et sa gaule à la main, elle laissa le vieillard s'asseoir à ses pieds et remettant précieusement son pain dans sa poche, — ah ! dit-elle, vous avez connu mon grand-père ?

Oui demoiselle ! il était le soldat le plus accompli de l'armée du Béarnais ; il était un homme craignant Dieu et servant Dieu, et celui-là qui lui avait obéi une fois, se sentait enchaîné à lui obéir toute sa vie.

Lui et moi, nous étions de la Navarre où il a été le maître longtemps, car après la mort du roi de Navarre, au siége de Rouen, votre grand-père avait épousé notre reine elle-même Jeanne d'Albret, la mère de notre Henri qui a été tué par les premiers éleveurs de ces tristes oiseaux qui vous obéissent beaucoup mieux qu'ils n'obéiraient à quelque bergère des environs.

— Et comment du service de mon père et d'homme de guerre que tu étais, es-tu devenu un mien camarade, un berger, un paysan ? Est-ce que maintenant la Navarre ne nourrit plus ses vieillards ? Est-ce qu'elle n'a pas un asile pour ses vieux soldats ?

— La Navarre, demoiselle, ce n'est plus la Navarre ! on sourit aujourd'hui, quand on entend par habitude, le roi dire : moi le Roi de France et de Navarre ! il n'y a plus de Navarrais par là-bas, depuis que le Navarrais est mort ! Et plus de batailles, plus d'arque-buses, plus de grandes épées ! ils ont changé en épées les aiguilles à tricoter de nos grand'mères, ils ont inventé des chevau-légers, ils ont imposé à chaque homme, une livrée, et si je vais me battre, il me faut un justaucorps amarante, doublé de soie, et brodé d'or ! Enfin, il n'y a rien d'eux pour ce qui regarde l'armée, qui ne soit soumis à un brevet. Ils ont inventé même *des vestes à brevet !* et l'on dit qu'à la guerre, les capitaines même, couchent dans un lit ! ô ma vieille Navarre ! ô mon vieux capitaine ! ô mon vieux Roi !

Heu ! reprit Mlle d'Aubigné en touchant de sa gaule cette épaisse chevelure, où les cheveux noirs l'emportaient encore sur les cheveux blancs, j'imagine à présent que tu vas pleurer ! un lion qui était à Jarnac, à Montcontour, à la bataille d'Ivry ou le grand panache a cou-ché jusqu'à terre un soldat du duc de Biron, un officier de mon grand-père Agrippa ? Tu pleures mon ami, et pour qui ? qu'as-tu à pleurer ? est-ce qu'on avoue au destin qu'il est le plus fort ? est-ce que par hazard tu ne sais pas ce que dit le sieur de Pibrac :

Et pleine de malice et de courtoisie, (elle cherchait à conseiller ce brave homme) elle disait au pâtre ébahi :

> Voudrais tu bien mettre espérance sure
> En ce qui est imbécile et mortel ?
> Le plus grand Roi du monde n'est que tel
> Et a besoin plus que toi qu'on l'assure.

— Oui-dà, reprit le berger aimez-vous donc si fort ces façons de

langage chanté, demoiselle, eh bien ! il eût fallu entendre en ses jours
de poésie Monseigneur votre grand-père. Il avait écrit en dialogue
parlé des sortes d'histoire qu'il nous récitait d'une voix impérieuse
et cependant touchante et vous l'eussiez écouté jusques au lendemain,
tant c'était plein de pitié, de curiosité, de moralité ! à son gré, il faisait
rire et pleurer ; c'est qu'il tenait la plume aussi bien que l'épée, et
j'ai vu des gens parmi les plus huppés préférer un coup d'épée aux
coups de plume de votre ayeul ! croyez-moi demoiselle, prenez-moi ces
livres là, ils sont pleins de religion, pleins de pensées, pleins de vertus.

Ils parlèrent ainsi longtemps, Mlle d'Aubigné, et le vieillard ;
cependant le soleil se retirait à l'horizon, il fallait rentrer au château,
et Mlle d'Aubigné — Père dit-elle au vieillard, je voudrais bien te donner un témoignage que je suis une vraie d'Aubigné, afin que tu te
souviennes de moi dans tes prières !

O ma fille, reprit le vieux pâtre, il ne faut pas rire de moi, car
voilà les larmes qui me viennent aux yeux ! je suis très-vieux, je sens
que je m'envais rejoindre Henri, Agrippa et les autres, ceux qui ont
forgé cette couronne de France qui te laisse mourir de misère ;
écoutes-moi cependant, remplis les deux vœux que je te vais faire, et
tu auras payé, et au-delà ! tout ce que ton père me devait !

Permets que je presse un instant, ta main nue, et pendant que je
l'étudie, racontes moi l'événement qui t'a le plus frappée, depuis le
jour où tu as pu discerner le bien du mal ?

Mlle d'Aubigné ôta un gant, donna sa main au vieillard, et d'une
voix très-claire, elle parla ainsi :

« Un jour que nous étions sur le bord de la mer, mon père, ma
mère et moi, moi entre celui-là et celle-ci, on nous servit à chacun, une
écuelle de lait chaud dont nous avions grand besoin, car, toute la nuit,
nous avions été battus de l'orage ; A peine avions-nous humé, et respiré
la douce haleine de ce bon lait, que soudain, du milieu de l'herbe
épaisse en ce lieu, nous vîmes surgir un grand serpent qui, de sa
queue à sa tête, semblait nous envelopper tous les trois ! d'abord il
parut vouloir toucher à l'écuelle de mon père, mais il se contenta de
la renverser, sans goûter au lait répandu ! En vain ma mère qui
voulait me sauver, offre au monstre sa coupe tremblante, il dédaigne
en la respectant, la coupe de ma mère, et d'un trait, le cou plongé

dans ma tasse que je tiens d'une main ferme, il hume, en faisant sonner son collier, le déjeuner de Mlle d'Aubigné, puis il s'en va, majestueusement, comme il était venu. »

Et le vieux pâtre en la saluant ; « aussi vrai qu'il y a un Dieu dans le ciel, ô digne fille d'Aubigné et des Lusignan ! vous serez une reine sur la terre, et vous serez une sainte dans le ciel ! »

Il parlait ainsi à la femme illustre entre toutes les femmes françaises, à celle qui devait contempler de si haut les splendeurs, la victoire de l'esprit, du génie et de la toute puissance ; il parlait à Mme de Maintenon qui fût un des grands écrivains de ce siècle de miracles en toute chose. Il ne croyait pas si bien parler le vieux berger !

Quand elle fût la femme du Roi, quand elle eût créé, (en souvenir des misères du château de Neuillant) cette admirable institution des demoiselles de Saint-Cyr qui fût le berceau d'*Athalie* et d'*Esther*, Mme la marquise de Maintenon, au milieu de cette famille adoptive qui l'adorait, se prenait souvent, dans ses moments de bonne humeur, (elle avait l'âme gaie et l'esprit sérieux) à réciter parci parlà, à ses élèves...... à ses enfants, un quatrain de Pibrac :

> Dresses de tes vertus non de tes jours le compte,
> Ne pense pas combien, mais comme aller tu dois :
> Voy jusques à quel prix ta besogne se monte
> On juge de la vie et de l'or par le poids.

Jules JANIN.

www.ingramcontent.com/pod-product-compliance
Ingram Content Group UK Ltd.
Pitfield, Milton Keynes, MK11 3LW, UK
UKHW021207140726
13695UKWH00005B/2397